ANALYSE

DE LA

PROCLAMATION

DU

CONSEIL DES CINQ-CENTS

AU PEUPLE FRANÇAIS,

Sur les dangers de la Patrie.

A PARIS,

Chez les Marchands de Nouveautés.

AN VII.

ANALYSE

DE LA

PROCLAMATION

DU

CONSEIL DES CINQ-CENTS

AU PEUPLE FRANÇAIS,

Sur les dangers de la Patrie.

FRANÇAIS!

C'est sur vos intérêts les plus chers, c'est sur les bienfaits inappréciables de la paix, c'est sur les moyens de la rappeler et de la fixer parmi nous, que vos Représentans fidèles éprouvent le besoin de vous entretenir aujourd'hui.

Français, d'affreuses dissentions civiles semblent déja renaître dans quelques départemens, en menaçant d'étendre leurs ravages sur tous les points de la République.

Pour en arrêter le cours, les Législateurs vont prendre des mesures sévères, mais nécessaires, contre ces hommes qu'une longue expérience n'a que trop signalés comme les machinateurs de nos discordes.

Mais le frein de la loi ne doit pas rester isolé de la voix de la raison.

C'est à vous sur-tout que nous nous adressons, hommes simples, dont les malveillans s'emparent trop souvent pour vous faire servir d'instrumens à leurs vues subversives de l'ordre rétabli par la Constitution et les lois.

Les perfides ! ils feignent de vous plaindre, ils ne veulent que vous irriter ; ils vous retracent sans cesse les maux de la patrie ; ils ne vous disent pas que, par le plus affreux machiavelisme, ils en furent toujours les premiers auteurs et les cruels artisans.

En vous parlant de vos intérêts, ils ne songent qu'aux leurs, et ne veulent que diviser pour régner, détruire pour envahir.

Eh quoi ! seroit-ce donc pour le rétablissement de l'emprunt forcé, du papier-monnaie, du *maximum*, des réquisitions, des tribunaux révolutionnaires, des échaffauds et de tous les fléaux, suite nécessaire de la Constitution de 1793, qu'ils parviendroient à armer les Français contre les Français?

Bons et honnêtes habitans des campagnes, comment pourriez-vous regretter un tel régime et les rappeler en insensés ?

Citoyens de tous les états, habitans des cités et des champs, auriez-vous oublié ce que notre régénération politique eut pour vous de touchant et de sublime, toutes les fois que la horde de brigands qui vous domine aujourd'hui, n'opprima pas vos Législateurs ?

Non, de tels souvenirs ne sauroient

s'effacer, et vous ne voudrez pas reprendre des fers que vous brisâtes avec indignation.

Vous ne vous y soumettriez pas impunément, vous qui, à quelque époque que ce soit, avez servi la ré-volution, sans être *ultra - révolution-naires;* les vengeances de la démagogie sauroient bien vous atteindre.

Et vous-mêmes, hommes apathiques, qui vîtes la révolution sans enthousiasme, mais sans haine, croyez-vous que votre simple indifférence ne vous seroit point reprochée par vos insolens vainqueurs ?

Votre intérêt, à tous, est d'écarter du sol français ce torrent de malheurs qui l'inonderoit , si quelques espérances criminelles pouvoient se réaliser.

Que les dissentions civiles cessent donc, et employons tous nos moyens physiques et moraux pour réduire l'ennemi intérieur.

Citoyens, au milieu d'une guerre

terrible qui ne devoit jamais exister,
à la suite d'une administration désas-
treuse, placés dans la cruelle alter-
native de courber la tête sous le
sceptre des rois ou de la livrer au
couteau des anarchistes, vous souffrez
sans doute ; vos Représentans en gé-
missent, et ils travailleront sans relâche
à empêcher la renaissance des maux
qui accompagnèrent plusieurs époques
de la révolution.

Ils sauront, de concert avec le Direc-
toire exécutif, accueillir, lorsqu'elle
se présentera, une paix digne du Peuple
français et de ses alliés.

Mais cette paix, objet de vos vœux
et des nôtres, cette paix qui doit
rappeler sur le territoire français
l'abondance et la prospérité, n'allez
pas la compromettre ou l'éloigner par
des troubles civils ; et s'il vous reste
des sacrifices à faire, qu'ils soient
pour la patrie et non pour vous
entr'égorger.

Eh quoi ! le sang français couleroit

encore pour une cause autre que celle de la liberté ; Il y auroit des hommes assez insensés pour espérer le bonheur dans les suites d'une guerre civile !

Des cadavres amoncelés, des champs dévastés, des maisons incendiées ne seroient - ils donc plus des objets d'effroi ?

Loin de nous la pensée qu'une telle dégradation morale soit admise en système général !

Cependant des bandes d'assássins se montrent et attaquent les Républicains ; leur caverne est au milieu de Paris, sous vos yeux, sous la protection d'hommes pervers qui usurpèrent la Représentation nationale pour être les bourreaux du Peuple ; des étrangers chassés de par-tout, des valets de Robespierre , avides de pillage , altérés de sang, suant le crime, dégoutans de carnage , y forgent les foudres révolutionnaires, construisent les bateaux de mort , aiguisent les poignards de l'anarchie, inventent des supplices, préparent des échaffauds, et voudroient, dans leur rage trop puissante, étouffer la nature et ensevelir tout ce qui reste d'humains, dans la même bière.... Et il est encore des Français ! .... Oh ma patrie !.... Oh liberté !

Tant de maux prêts à fondre sur vous n'ont pu parvenir à la connoissance de vos Représentans, sans qu'ils dussent en même tems chercher et vous indiquer des moyens de les arrêter.

Hommes égarés, qui fûtes les instrumens aveugles de l'assassinat de vos frères, déposez les armes que vous vouliez tourner encore contre votre patrie, ou plutôt gardez-les pour la défendre ; entendez la voix de vos pères vieillis dans la vertu, de vos épouses toujours dignes d'être chéries, de vos enfans qui demandent leur père, et restez dans votre asile ; la grande famille a besoin de vous, que votre repentir efface vos fautes, soyez encore Français.

Vous ex-nobles, parens d'émigrés, prêtres, négocians, artistes, cultivateurs ; hommes savans, riches ou vertueux de tous les états ; vous qui fûtes plus particulièrement désignés aux poignards des patricides ; vous qui ne pouviez empêcher le crime et fûtes toujours traité en criminels, songez que vous le deviendriez aujourd'hui si vous ne concouriez à rétablir et à maintenir la tranquillité intérieure : n'appartenez-vous pas, comme tous les autres Français, à la grande nation ? Vos talens, vos vertus, vos fortunes n'en sont-ils pas les soutiens ? Vos moyens sont grands, vos droits sont imprescriptibles ; la Constitution de l'an 3 les a assurés, le peuple les a garantis ; .... ils ne périront pas.

Que les départemens infestés de jacobinisme rentrent dans l'ordre, s'ils veulent rentrer dans le droit commun ; que les départemens étrangers aux troubles civils continuent de mériter une honorable exception ; que la paix

intérieure, en un mot, s'établisse soli-
dement, et bientôt nous l'aurons au-
dehors; tous les hommes sont las de
voir couler le sang; toutes les puis-
sances coalisées recevront et donne-
ront l'olive de la paix, dès que les
cannibales qui vous dévorent auront
fait place à un Gouvernement sage et
loyal, fondé sur la justice et l'équité,
observateur des lois, et respectueux
envers les droits des nations.

Aux armes..... Plus de pitié pour
le crime..... Mort aux jacobins.....
Vive la République et la Constitution
de l'an 3 !

F I N.

VIVE ✝ JÉSUS!

AU R. P. POUPLARD

UN MOT sur son livre UN MOT

PAR L'AUTEUR DE :

ENCORE UN MOT

« *Deus misereatur nostri.* »

LIMOGES

Mᵐᵉ J. DUMONT, Imprimeur-Libraire

10, Place de la République, 10

—

1883

AU R. P. POUPLARD

UN MOT sur son livre UN MOT

PAR L'AUTEUR DE :

ENCORE UN MOT

« *Deus misereatur nostri.* »

LIMOGES

Mme J. DUMONT, IMPRIMEUR-LIBRAIRE

10, Place de la République, 10

1883